* EN VEDETTE DANS CE LIVRE *
COELOPHYSIS

(célo-FI-ziss)

SAVAIS-TU QUE...

Coelophysis était l'un des plus anciens dinosaures, et l'un des plus étudiés en raison des milliers de fossiles qui ont été trouvés au même endroit ?

Coelophysis signifie « forme creuse »

PLANTONS LE DÉCOR

Tout a commencé quand les premiers dinosaures sont apparus il y a environ 231 millions d'années, pendant le Trias.

Coelophysis a existé durant la fin du Trias et le début du Jurassique, il y a entre 195 et 208 millions d'années.

Le TRIAS

51 millions d'années

il y a **252** millions d'années

Le JURASSIQUE

56 millions d'années

il y a **201** millions d'années

C'était le début de l'ère des dinosaures, une période où ils allaient être les rois du monde !

Les scientifiques appellent cette période le

MÉSOZOÏQUE.

(mé-zo-zo-ic)

Elle a duré si longtemps qu'ils l'ont divisée en trois parties.

Le CRÉTACÉ

←----------------- **79** millions d'années -----------------→

il y a **145** millions d'années   il y a **66** millions d'années

BULLETIN MÉTÉO

La Terre n'a pas toujours été comme on la connaît. Lorsque les dinosaures sont apparus, à la fin du Trias, tous les continents étaient soudés et formaient un supercontinent appelé «la Pangée», qui a existé jusqu'au début du Jurassique.

TRIAS IL Y A 220 MILLIONS D'ANNÉES

Ce nom fait référence à trois couches de roches distinctes qui se trouvent en Europe du Nord

TRIAS

Extrêmement chaud, sec et poussiéreux

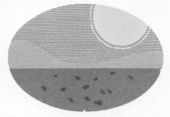

JURASSIQUE

Très chaud, humide et tropical

CRÉTACÉ

Chaud, pluvieux et saisonnier

Le mot « Pangée » signifie « tout » et désigne l'époque pendant laquelle une seule et immense masse continentale recouvrait le tiers de la surface de la Terre.

D'OÙ VIENT-IL ?

Voici ce que nous savons à ce jour et où nous l'avons découvert...

ÉTATS-UNIS

NOUVEAU-MEXIQUE

C'EST LE PALÉONTOLOGUE

EDWARD DRINKER COPE

QUI A DONNÉ SON NOM À

COELOPHYSIS, EN **1889**.

Des milliers d'os, plusieurs centaines de
squelettes complets ou presque complets

La découverte de milliers de fossiles dans un lit à ossements (une très grande
quantité de fossiles rassemblés au même endroit) par George Whitaker à
Ghost Ranch au Nouveau-Mexique, en 1947, est considérée comme la plus
importante découverte nord-américaine de dinosaures du Trias.

Puisque des adultes, des jeunes et des bébés ont été trouvés ensemble
et accompagnés d'autres animaux, les paléontologues croient qu'ils se
déplaçaient au sein d'un même grand troupeau et qu'ils ont été submergés
par une crue soudaine.

PORTRAIT

Comme plusieurs dinosaures ayant vécu au début du Trias, *Coelophysis* était de petite taille et de constitution légère.

Regardons *Coelophysis* pour voir en quoi il était spécial, fascinant et complètement extraordinaire !

COELOPHYSIS

1,2 mètre des orteils à la hanche

La quantité de fossiles
trouvés est si grande
que les scientifiques
sont parvenus à
observer les différences
entre les mâles et
les femelles.

Hauteur à
la hanche

PORTE
2 mètres

GARÇON DE 7 ANS

Hauteur : **1,2 mètre**

Poids : **25 kilogrammes**

HOMME ADULTE

Hauteur : **1,82 mètre**

BOXER

Longueur : **0,6 mètre**

Hauteur : **0,6 mètre**

Poids : **25 kilogrammes**

COELOPHYSIS

Longueur : jusqu'à 3 mètres
Hauteur : 1,2 mètre
Poids : 25 kilogrammes

SOURIS

TROUILLE-
O-MÈTRE

Où se classe *Coelophysis* ?

AUCUNEMENT
TERRIFIANT

| 1 | 2 | 3 | 4 | 5 |

Faible pour un carnivore, car il était l'un des plus petits prédateurs de son époque.

ROAAAAAH !!!

Coelophysis côtoyait très peu de dinosaures qui auraient pu constituer une menace, mais il devait quand même se méfier de plusieurs autres animaux. Tu sauras bientôt lesquels.

6	7	8	9	10

Coelophysis n'inspirait pas la terreur à lui seul, mais la vue d'un troupeau d'une centaine d'individus ou plus devait effrayer plus d'un animal !

JUGEOTE

Quand nous avons commencé à découvrir des dinosaures, nous pensions qu'ils étaient plutôt stupides!

Par la suite, quelques scientifiques ont cru que certains dinosaures avaient un second cerveau près de leur derrière! On sait aujourd'hui que rien de cela n'est vrai.

Les scientifiques reconnaissent maintenant que les dinosaures n'avaient qu'un seul cerveau et qu'ils étaient plutôt futés pour des reptiles. Certains comptaient même parmi les plus intelligentes créatures sur Terre pendant le Mésozoïque. Cela dit, la plupart des mammifères actuels n'auraient rien à leur envier sur ce plan.

En tenant compte de :

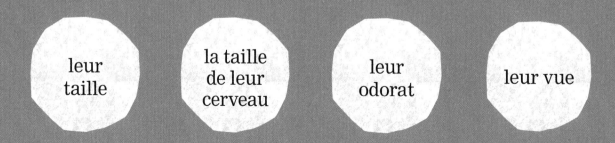

leur taille

la taille de leur cerveau

leur odorat

leur vue

les scientifiques sont en mesure de les comparer les uns aux autres...

OÙ FIGURE COELOPHYSIS, UN CARNIVORE, AU PALMARÈS DES CERVEAUX ?

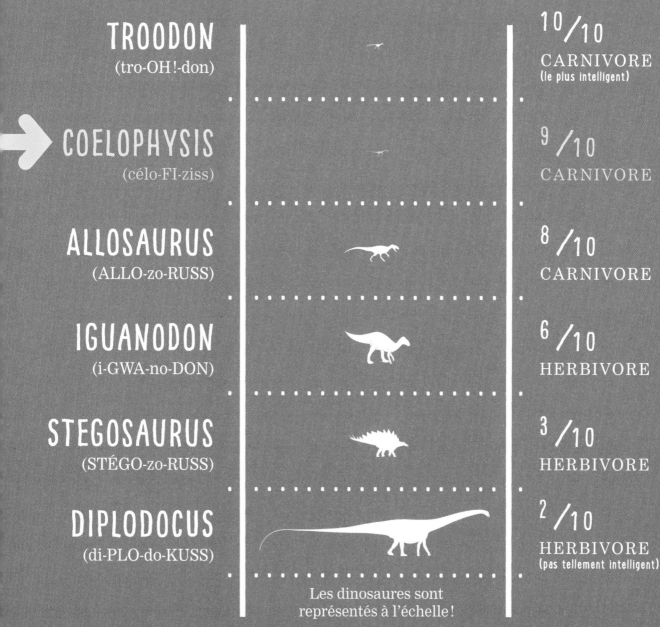

TROODON
(tro-OH!-don)
$^{10}/_{10}$
CARNIVORE
(le plus intelligent)

→ **COELOPHYSIS**
(célo-FI-ziss)
$^9/_{10}$
CARNIVORE

ALLOSAURUS
(ALLO-zo-RUSS)
$^8/_{10}$
CARNIVORE

IGUANODON
(i-GWA-no-DON)
$^6/_{10}$
HERBIVORE

STEGOSAURUS
(STÉGO-zo-RUSS)
$^3/_{10}$
HERBIVORE

DIPLODOCUS
(di-PLO-do-KUSS)
$^2/_{10}$
HERBIVORE
(pas tellement intelligent)

Les dinosaures sont représentés à l'échelle !

RAPIDOMÈTRE

LENT

① 1 ② 2 ③ 3 ④ 4 ⑤ 5

Coelophysis était un dinosaure carnivore bipède rapide et léger, et il possédait une excellente vision : les caractéristiques parfaites pour traquer ses proies et fuir les prédateurs.

6   7   8   9   10

RAPIDE

SON ÉQUIPEMENT

Bien qu'il fût l'un des premiers carnivores accomplis, *Coelophysis* était plutôt petit en comparaison des géants qui allaient arriver plus tard !

À la fin du Trias, les dinosaures avaient évolué et pris toutes sortes de formes et de dimensions, mais ce ne serait pas avant la période suivante qu'ils deviendraient les rois du monde.

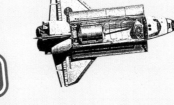

SAVAIS-TU QUE...

des astronautes ont déjà emmené un fossile de *Coelophysis* dans l'espace ? Le 22 janvier 1998, l'équipage de la navette spatiale *Endeavour* a apporté un crâne jusqu'à la station spatiale russe MIR. C'est complètement fou !

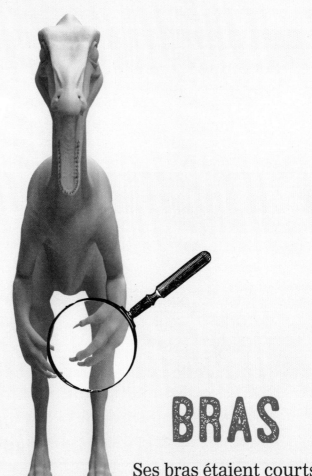

QUEUE

Il avait une longue queue qui l'aidait à se diriger dans sa course.

CRÂNE

Il était long et frêle.

BIPÈDE

Ce mot signifie que l'animal marche sur deux pattes. Les jambes des dinosaures étaient placées directement sous leur corps, comme chez les mammifères, ce qui les différencie des crocodiles et des lézards, dont les jambes sortent de chaque côté de leur corps.

BRAS

Ses bras étaient courts, mais ses longs doigts se terminaient par des griffes qui l'aidaient à agripper sa nourriture.

DENTS

On en apprend beaucoup sur un dinosaure simplement en observant ses dents. Regardons donc à quoi ressemblaient les dents de *Coelophysis* et de quoi il se nourrissait.

La bouche de *Coelophysis* était remplie de petites dents recourbées (pointant vers l'arrière) et dentelées sur leurs faces avant et arrière, ce qui en faisait l'outil parfait pour déchirer la chair.

Fait intéressant, la majorité des serpents ont des dents recourbées aussi.

Dent de 7 millimètres en taille réelle

La voici agrandie pour que tu en voies les détails

AU MENU

Coelophysis était un carnivore, ce qui signifie qu'il ne s'intéressait aucunement aux plantes. Les recherches suggèrent qu'il se nourrissait de petits animaux apparentés aux lézards, de petits crocodiliens et de poisson. Puisque de très grandes quantités de fossiles ont été découvertes ensemble, les scientifiques croient qu'il chassait en bande et que cela l'amenait probablement à attaquer de plus grosses proies.

On a autrefois accusé *Coelophysis* d'être un cannibale («qui mange la chair de ses semblables»)! Le contenu de l'estomac de certains spécimens trouvés à Ghost Ranch semblait en effet comprendre des restes de bébés *Coelophysis*, MAIS il s'est avéré qu'il s'agissait plutôt de restes de petits reptiles.

REDONDASAURUS

(RE-don-DA-zo-RUSS)

Les dinosaures n'étaient pas les animaux dominants à la fin du Trias ; *Coelophysis* devait quand même se méfier d'autres prédateurs plus gros que lui comme les phytosaures, des espèces de crocodiles.

Redondasaurus était un phytosaure de grande taille pourvu d'une imposante gueule remplie de grosses dents. On pense qu'il se cachait au bord des cours d'eau et attendait que *Coelophysis* s'approche pour pêcher !

QUI HABITAIT DANS LE MÊME VOISINAGE ?

POSTOSUCHUS (POSTO-su-KUSS)

Non, ce n'était ni un dinosaure ni un crocodile! Trônant au sommet de la chaîne alimentaire avec quelques autres prédateurs à la fin du Trias, *Postosuchus* était énorme et terrifiant!

Beaucoup plus gros que *Coelophysis*, il lui arrivait certainement de le chasser, car des os des deux espèces ont été trouvés dans le même environnement!

QUEL ANIMAL VIVANT AUJOURD'HUI RESSEMBLE LE PLUS À COELOPHYSIS?

Les squelettes trouvés à Ghost Ranch étaient si nombreux et représentatifs de toutes les étapes de la vie de *Coelophysis* que les paléontologues ont appris beaucoup de choses sur son corps, qui ressemblait un peu à celui des oiseaux coureurs d'aujourd'hui, comme l'émeu.

Les deux ont en effet de longues jambes minces et un long cou.

Chez les émeus, la femelle est plus grosse que le mâle, ce qui était peut-être aussi vrai pour les *Coelophysis*. Les nombreux squelettes déterrés à Ghost Ranch comptaient des mâles et des femelles.

Robuste, court et trapu, le mâle avait le crâne et le cou plus courts que la femelle, qui était plus longue et plus mince. On a même observé les différences entre mâle et femelle chez des bébés *Coelophysis*!

QU'Y A-T-IL DE SI GÉNIAL À PROPOS DE COELOPHYSIS ?

PÉRIODE D'EXISTENCE

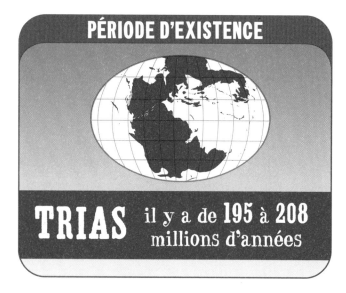

TRIAS il y a de **195** à **208** millions d'années

TAILLE DES DENTS

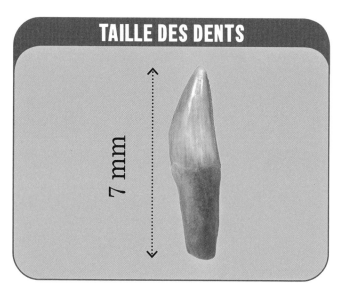

7 mm

POIDS

25 kg

RAPIDE OU LENT ?

RAPIDITÉ

8 sur 10

EN BREF

DÉCOUVERTES À CE JOUR

DES MILLIERS D'OS,
PLUSIEURS CENTAINES DE SQUELETTES
COMPLETS OU PRESQUE COMPLETS

TERRIFIANT OU PAS ?

TROUILLE-
O-MÈTRE

4 seul

7 en groupe

VIANDE OU POISSON ?

LES DEUX!

SON ÉQUIPEMENT

LONGUES GRIFFES

LONGUE QUEUE

AS-TU LU TOUTE LA SÉRIE ?

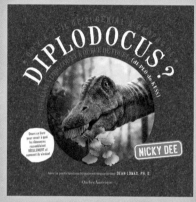

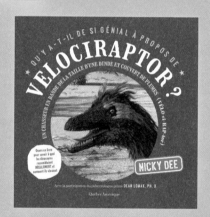

À PARAÎTRE BIENTÔT :

Projet dirigé par Flore Boucher

Traduction : Olivier Bilodeau
Mise en pages : Damien Peron
Révision linguistique : Sabrina Raymond

Québec Amérique
7240, rue Saint-Hubert
Montréal (Québec) Canada H2R 2N1
Téléphone : 514 499-3000, télécopieur : 514 499-3010

Ce texte privilégie la nomenclature zoologique par opposition aux noms vernaculaires des animaux.

Nous reconnaissons l'aide financière du gouvernement du Canada.

Nous remercions le Conseil des arts du Canada de son soutien.
We acknowledge the support of the Canada Council for the Arts.

Nous tenons également à remercier la SODEC pour son appui financier.
Gouvernement du Québec – Programme de crédit d'impôt pour l'édition de livres – Gestion SODEC.

Canada   Conseil des arts   Canada Council   SODEC   Québec
         du Canada   for the Arts

Catalogage avant publication de Bibliothèque et Archives nationales du Québec et Bibliothèque et Archives Canada

Titre : Coelophysis / Nicky Dee; collaboration, Dean Lomax [et cinq autres]; traduction, Olivier Bilodeau.
Autres titres : Coelophysis. Français
Noms : Dee, Nicky, auteur.
Description : Mention de collection : Qu'y a-t-il de si génial à propos de…? | Documentaires |
Traduction de : Coelophysis.
Identifiants : Canadiana (livre imprimé) 20210068558 | Canadiana (livre numérique) 20210068566 | ISBN 9782764446584 | ISBN 9782764446591 (PDF)
Vedettes-matière : RVM : Coelophysis—Ouvrages pour la jeunesse. | RVM : Dinosaures—Ouvrages pour la jeunesse. | RVMG : Albums documentaires.
Classification : LCC QE862.S3 D44114 2022 | CDD j567.912—dc23

Dépôt légal, Bibliothèque et Archives nationales du Québec, 2022
Dépôt légal, Bibliothèque et Archives du Canada, 2022

Tous droits de traduction, de reproduction et d'adaptation réservés
Titre original : *What's so special about Coelophysis?*
Published in 2021 by The Dragonfly Group Ltd

email info@specialdinosaurs.com
website www.specialdinosaurs.com

REMERCIEMENTS

Dean Lomax, Ph. D.
Paléontologue remarquable plusieurs fois récompensé, auteur et communicateur scientifique, M. Lomax a collaboré à la réalisation de cette série à titre d'expert-conseil.
www.deanrlomax.co.uk

David Eldridge
Spécialiste en conception de livres.

Gary Hanna
Artiste 3D de grand talent.

Scott Hartman
Paléontologue et paléoartiste professionnel, pour les squelettes et les silhouettes.

Ian Durneen
Artiste numérique de haut niveau, pour les illustrations numériques des dinosaures en vedette.

Ron Blakey
Colorado Plateau Geosystems Inc.
Créateur des cartes paléogéographiques originales.

Ma famille
Pour sa patience, ses encouragements et son soutien extraordinaire. Merci !

FSC
MIXTE
Papier issu de sources responsables
FSC® C011825